AGAMEMNON

LIBRAIRIE E. DENTU, ÉDITEUR

DU MÊME AUTEUR

LA FILLE DE ROLAND, 49ᵉ édition, 1 vol. gr. in-8° . . 3 50

LES NOCES D'ATTILA, 14ᵉ édition, 1 vol. gr. in-8° . . 3 50

L'APOTRE, 6ᵉ édition, 1 vol. gr. in-8° 3 50

POÉSIES COMPLÈTES, 1 vol. gr. in-8°. . . . . 5 »

LA LIZARDIÈRE, 8ᵉ édition, 1 vol. gr. in-18 . . . . . 5 »

COMMENT ON DEVIENT BELLE, 3ᵉ édition, 1 vol. gr. in-18. 3 »

LE MONDE RENVERSÉ, comédie en vers.

LA CAGE DU LION, comédie en vers.

UN COUSIN DE PASSAGE, comédie en prose.

NAPOLÉON A CORNEILLE (poésie pour les fêtes de Rouen).

LA STATUE D'ALEXANDRE DUMAS, poésie.

LA POLITIQUE DANS CORNEILLE, étude critique, 1 vol. (*Presque épuisé.*)

LA GUERRE D'ORIENT.

LA SŒUR DE CHARITÉ.
L'ISTHME DE SUEZ.
LA FRANCE DANS L'EXTRÊME-ORIENT.
ÉLOGE DE CHATEAUBRIAND.
} Couronnés par l'Académie Française.

PREMIÈRES FEUILLES, poésies. (*Épuisé.*)

DANTE ET BÉATRIX, drame en 5 actes et en vers. (*Épuisé.*)

LA MUSE DE CORNEILLE (Odéon). (*Épuisé.*)

LE QUINZE JANVIER (Théâtre-Français). (*Épuisé.*)

AGAMEMNON, tragédie en 5 actes (Théâtre-Français). (*Épuisé.*)

LE JEU DES VERTUS, roman d'un auteur dramatique (4ᵉ édit.).

Vte HENRI DE BORNIER

AGAMEMNON

UN ACTE, EN VERS

D'APRÈS LA TRAGÉDIE D'ESCHYLE

REPRÉSENTÉ SUR LE THÉATRE DE L'OPÉRA

le 26 Janvier 1886

PARIS

E. DENTU, ÉDITEUR

LIBRAIRE DE LA SOCIÉTÉ DES GENS DE LETTRES
ET DE LA SOCIÉTÉ DES AUTEURS DRAMATIQUES

PALAIS-ROYAL, 15-17-19, GALERIE D'ORLÉANS

1886

PERSONNAGES

AGAMEMNON.	MM. MARTEL.
CASSANDRE.	GRAVOLLET.
PREMIER CORYPHÉE.	VILLAIN.
DEUXIÈME CORYPHÉE.	HAMEL.
CLYTEMNESTRE	A. LAMBERT.

Reconstitution antique et mise en scène par MM. L. HENZEY (de l'Institut), CH. GARNIER (de l'Institut), et GUILLAUME LIVET.

Costumes de MM. G. BOULANGER et G. CLAIRIN.

Décors de MM. RUBÉ, CHAPERON et JAMBON.

Musique de M. CH. DE SIVRY.

On m'a fait l'honneur de me demander, pour la grande représentation de charité donnée à l'Opéra, une adaptation *de la tragédie d'*Eschyle.

Ce n'est donc pas une traduction dans le sens exact du mot, mais plutôt une inspiration d'après l'œuvre du Père de l'Art tragique. Par suite de quelques difficultés matérielles, j'ai dû même retrancher (et je le regrette) la première scène, celle du Veilleur de nuit, *et la dernière, celle d'*Égysthe.

*Si j'ai su rendre la physionomie grandiose et terrible d'*AGAMEMNON, *le public lettré en décidera.*

H. DE B.

AGAMEMNON

UN ACTE EN VERS

D'APRÈS LA TRAGÉDIE D'ESCHYLE

SCÈNE PREMIERE

PREMIER CHŒUR

Voilà dix ans que loin d'Argos les fiers Atrides,
Agamemnon et Ménélas,
Bravent les durs hivers et les étés torrides
Sous les murs d'Ilion, hélas !

Que de sang, que de deuil, que de longues alarmes
Le crime d'Hélène a coûtés !
Vieillards, je sens encor mes yeux brûlés de larmes
A ces souvenirs détestés :

PREMIER CORYPHÉE

Les Grecs, sur leurs vaisseaux, de mille cris de joie
En partant remplissaient les airs,
Pareils à des vautours dont la bande tournoie,
Au-dessus de leurs nids déserts.

DEUXIÈME CORYPHÉE

De leur race avec eux marche le noir Génie,
Le passé fatal reparaît,
Diane a demandé le sang d'Iphigénie,
Le couteau de Calchas est prêt.

PREMIER CORYPHÉE

Horreur ! comme l'on traîne à la mort une chèvre
On porte la vierge à l'autel ;
Horreur ! un dur bâillon étouffe sur sa lèvre
Ses cris avant le coup mortel ;

DEUXIÈME CORYPHÉE

Le père l'ordonnait, dans son hideux courage,
Pour sauver son royal pouvoir,
Et la mère était là, versant des pleurs de rage
Que les dieux ne voulaient pas voir !

PREMIER CORYPHÉE

Que fait-elle à présent, cette mère à l'œil sombre
Cachée en ce palais maudit ?
A quoi donc peut rêver Clytemnestre dans l'ombre ?
L'homme et le ciel n'en ont rien dit !

DEUXIÈME CORYPHÉE

Et lui, le roi des rois ? Reviendra-t-il superbe !
A-t-il vengé tous nos affronts?
Les murs de Troie enfin sont-ils couchés dans l'herbe ?
Bientôt, vieillards, nous le saurons ;

PREMIER CORYPHÉE

Ces signaux allumés sur les cimes lointaines
Annoncent la fin des combats,
Et nous pouvons chanter nos victoires certaines,
Si ces flammes ne mentent pas !

SCÈNE II

LE CHŒUR, AGAMEMNON, CASSANDRE,

Sur le char suivi de captifs.

CHŒUR

Roi d'Argos, destructeur de Troie,
Reçois l'hommage de ma joie
Qui craint de montrer trop d'orgueil,
Car la sagesse nous invite
A calmer nos cœurs au plus vite
Dans le triomphe ou dans le deuil.

PREMIER CORYPHÉE

Jadis, avec tristesse et blâme,
Roi, je jugeais au fond de l'âme
Ta soif des combats hasardeux ;
Mais — puissé-je toujours le croire ! —
Celui qu'attendait la victoire
Fut le plus sage de nous deux !

CHŒUR

Rentre donc dans ta ville, ô maître,
Et bientôt tu pourras connaître,
Les dieux ici te feront voir,
Quels sont, pendant ta longue absence,
Ceux qui servirent ta puissance
Ou qui trahirent leur devoir !

AGAMEMNON

Ville d'Argos, à toi mon salut la première,
Pays aimé des fleurs, aimé de la lumière !
Salut, temples, maisons, palais de mes aïeux
Que durant mon absence ont défendu les dieux !
Dieux paternels ! Ils ont fait pour moi plus encore ;
Je leur ai dit : Livrez aux Grecs, dieux que j'implore,
La ville de Priam ; — ils n'ont pas hésité,
Nos pieds ont écrasé la perfide cité ;
Hélène, cette fleur d'amour, aux cœurs fatale,
Honneur puis désespoir de la terre natale,
Rayonnante, ignorant les retours des destins,
Près de son ravisseur, riait dans les festins ;
Les plus sages Troyens, en la voyant si belle,
Fièrement, lâchement, s'empressaient autour d'elle,
Inclinaient leurs fronts blancs pour mieux lui faire accueil
De la honte des gens nourrissaient leur orgueil...

Et la fumée ardente, acharnée à sa proie
Monte seule aujourd'hui de la place où fut Troie !
Ses trésors sont à nous, et voici les captifs
Que j'amène, poussant des hurlements plaintifs ;
La pâle sœur d'Hector, la prêtresse Cassandre,
La fille de Priam, de mon char va descendre ;
Esclave, elle paîra dans les murs Argiens,
La rançon de l'orgueil et du crime des siens !
— Vieillards, aux dieux d'abord je devais ces hommages,
Mais je n'oubliais pas vos paroles si sages,
J'y réponds maintenant : — Vous avez trop raison
En disant que l'orgueil est le pire poison ;
La gloire à chaque pas d'une crainte est suivie,
Et nos prospérités vont réveiller l'envie !
Je le sais, je le sens. — Vieillards, voilà pourquoi
Vous me verrez, fidèle à mon devoir de roi,
Récompenser le bien, punir le mal peut-être,
Afin que tous ici sentent la main du maître !

SCÈNE III

LES MÊMES, CLYTEMNESTRE

CLYTEMNESTRE, *sortant du palais.*

Vieillards, ne soyez point surpris si devant tous
L'épouse laisse voir sa tendresse à l'époux.
— Agamemnon, c'est toi ! Les dieux enfin te rendent
A mon amour, aux mains joyeuses qui t'attendent !
Mon cœur ne sait aimer ni haïr à demi ;
J'ai tant pleuré ! J'ai tant souffert ! J'ai tant gémi !
Pardonne à mes transports après ce temps si rude
Où ton seul souvenir hantait ma solitude !
Tandis que j'épiais les signaux dans la nuit,
Les yeux fixes, le sein tremblant au moindre bruit,
Il me semblait entendre au loin le sourd murmure
De la bataille, voir se briser ton armure
Sous le choc furieux de la lance d'Hector,
Les flèches de Pâris percer ton casque d'or,

Ou sur ton corps sanglant et traîné dans la poudre
Les chars d'airain rouler avec un bruit de foudre !
Voilà ce que tes yeux lisent même aujourd'hui
En plongeant dans les miens : le dévorant ennui,
Le supplice éternel de ces nuits d'épouvante !
Mais les dieux ont rendu le maître à la servante,
A ce peuple son chef, au foyer son gardien.
Entre dans ton palais. Et moi je saurai bien,
O roi, de mon côté, si le destin l'exige,
Exécuter ses lois. Je le saurai, te dis-je !
Descends donc de ce char ! Mais j'ai préparé mieux
Que ce sol froid et nu pour ton pied glorieux :
Esclaves, étendez, sans tarder davantage,
Les plus riches tapis du palais au rivage.
Pour que dans ce palais, plus digne ainsi, je crois,
Par un chemin de pourpre entre le roi des rois !

AGAMEMNON

Reine, ayons moins d'orgueil ; il est étrange comme
Tu veux traiter en dieu celui qui n'est qu'un homme !

CLYTEMNESTRE

Oh ! ne refuse pas, rentrant dans ton pays,
Ma première prière.

AGAMEMNON

Eh bien, je t'obéis.

(Montrant Cassandre.)

— Clytemnestre, à ton tour traite cette étrangère
Avec bonté ; sa peine en sera plus légère ;
C'est Cassandre. Son sort est digne de pitié,
Et tu t'honorerais, y joignant l'amitié.
C'est la fleur du butin, le présent que l'armée
M'a fait ; en ce moment si sa bouche est fermée,
C'est que son cœur est plein d'ennuis, respecte-les.
Clytemnestre, à présent, entrons dans le palais.

SCÈNE IV

LE CHŒUR, CASSANDRE, sur le char.

LE CHŒUR

Quel noir pressentiment m'assiège?
Quelle voix gémit dans mon cœur?
O puissant Jupiter, protège
Le retour du maître vainqueur!

J'entends en moi l'hymne sans lyre,
Le chant funèbre d'Erynnys;
L'inceste, le sanglant délire,
Les meurtres, seront-ils punis?

L'expiation qui commence
A-t-elle choisi ce moment?
Après les heures de démence
Est-ce l'heure du châtiment?

SCÈNE V

LE CHŒUR, CASSANDRE, CLYTEMNESTRE

CLYTEMNESTRE, *sortant du palais.*

Nous t'attendons, Cassandre. Entre au palais. Contrainte
D'obéir au destin, sois cependant sans crainte ;
A l'ombre des autels domestiques, ici,
L'esclavage pour toi sera vite adouci ;
Descends donc de ce char, et fais-toi violence
En ma faveur, pour rompre enfin ce long silence.

(*Cassandre reste immobile et muette.*)

PREMIER CORYPHÉE

Oui, prêtresse, obéis à la reine, crois-moi.
Mais tu gardes encor le silence... Pourquoi?

CLYTEMNESTRE

Nous obtiendrons bientôt une réponse d'elle,
A moins qu'elle ne parle, ainsi que l'hirondelle,
Un langage inconnu.

DEUXIÈME CORYPHÉE, à Cassandre.

Contente son désir,
Viens, descends de ce char.

(Même attitude de Cassandre.)

CLYTEMNESTRE

Je n'ai pas le loisir
De rester plus longtemps. On m'attend, car le prêtre
Va rendre grâce aux dieux des victoires du maître.
De ce spectacle il faut que tes yeux soient témoins,
Esclave, réponds donc par des signes du moins.

PREMIER CORYPHÉE

Pas un geste ! Pas même un frisson sur sa bouche !
Regardez ! on dirait une bête farouche
Prise au filet !

CLYTEMNESTRE

C'est vrai. Le délire la tient.
Peut-être n'est-ce pas ainsi que l'on obtient
Qu'elle obéisse ; il faut pour qu'elle s'accoutume
Au frein qu'il soit couvert d'une sanglante écume ;
Cassandre, je te donne encor quelques instants ;
Après, tu me suivras. — Souviens-toi que j'attends.

SCÈNE VI

LE CHŒUR, CASSANDRE

LE CHŒUR

Pour moi, je ne saurais te montrer de colère :
Allons, descends du char, suis-moi, pauvre étrangère !
Viens, délivre ton cœur d'un silence trop long !

CASSANDRE

Grands dieux ! grands dieux ! Ciel ! terre ! Apollon ! Apollon !

PREMIER CORYPHÉE

Pourquoi gémir encor ? Quelles sont tes alarmes
Pour invoquer ce dieu qui n'aime pas les larmes ?

CASSANDRE

Apollon ! Apollon ! Bourreau sourd à ma voix !
Vas-tu, vas-tu me perdre une seconde fois !

DEUXIÈME CORYPHÉE

Il semble, à voir doubler son angoisse mortelle,
Que ses maux à venir sont déjà devant elle !
Esclave, elle est prêtresse encor ; l'obscur essaim
Des visions toujours s'agite dans son sein.

CASSANDRE

Apollon ! Apollon ! O dieu qui m'as perdue !
Où m'as-tu donc conduite? Où suis-je descendue ?
Quel est donc ce palais ouvert là, sous mes yeux?

PREMIER CORYPHÉE

Femme, c'est le palais des Atrides

CASSANDRE

Oh ! cieux !
Palais haï des dieux ! O palais de Tantale !
Complice des forfaits anciens ! — Corde fatale ! —
Père buvant le sang du fils ! — Palais maudit !
Complice du forfait nouveau par moi prédit !

DEUXIÈME CORYPHÉE

Mystérieux pouvoir qui la pousse et l'anime !
Elle court comme un chien sur la piste du crime !

CASSANDRE

Dieux ! Que prépare-t-on ? Quel forfait inouï ?
Là sont les assassins, là les victimes... oui !
Sera-ce fait avant que ce jour ne finisse?
— Vite! Ecartez le noir taureau de la génisse!
Cette reine... voyez! Celui qui partagea
Sa couche, elle le frappe!... Ah! Dieux! C'est fait déjà!
— Venez, de vos clameurs à nos clameurs unies
Remplissez ce palais, farouches Erynnies!

PREMIER CORYPHÉE

Prêtresse, qu'as-tu dit? Ce roi, quel est son nom?

CASSANDRE

Je dis que tu vas voir la mort d'Agamemnon.

DEUXIÈME CORYPHÉE

Malheureuse!

CASSANDRE

Attendez! Tout n'est pas dit encore.
— Que vois-je? Hélas! Hélas! Dieux! Quel feu me dévore?
— La lionne et le loup ont tué le lion...
Egisthe... Clytemnestre!... Apollon! Apollon!
— Ils attendent encor qu'une victime vienne,
Et leur fureur prépare une autre mort... la mienne!

PREMIER CORYPHÉE

Tu te trompes sans doute, et c'est un vague effroi
Qui t'annonce ta mort comme celle du roi.

CASSANDRE

O murs Troyens! O champs, fleuves de ma patrie!
Témoins de ma jeunesse avant le temps flétrie!
C'est là que s'alluma dans mes yeux, sur mon front,
L'effrayante clarté des choses qui seront!
— L'heure approche où le Styx, tous les fleuves de l'ombre,
Hélas! entendront seuls la prophétesse sombre!
Apollon! Apollon! Dieu jaloux qui me perds!
Pour t'avoir résisté que de maux j'ai soufferts!
Tu le veux, Apollon? Qu'il soit fait à ta guise!
Je n'échapperai pas au couteau qu'on aiguise!
— Pourquoi garder encor tous ces ornements vains!
Ces guirlandes, ces fleurs, ce sceptre des devins?

(Elle les foule aux pieds.)

Ce manteau fatidique... Apollon, viens toi-même
M'en dépouiller!... Et puis, vienne l'instant suprême!
Plus de gémissements! Marchons, allons m'offrir
Au couteau, les Troyens m'ont appris à mourir!
Allons à cette mort par moi-même voulue...
O portes de l'enfer, c'est moi, je vous salue!

(Elle va vers le palais.)

DEUXIÈME CORYPHÉE

Arrête, infortunée, arrête!

CASSANDRE

Non. Il faut
Obéir au destin et mourir le front haut!

(Au moment d'entrer, elle recule avec un grand cri.)

Ah! Ah!

PREMIER CORYPHÉE

Pourquoi ce cri? Quelle terreur t'oppresse?
Pourquoi recules-tu maintenant, toi, prêtresse?

CASSANDRE

De ces portiques monte une vapeur de sang!

PREMIER CORYPHÉE

Non, ce sont les apprêts du festin commençant.

CASSANDRE

Ah! Ah!.. De ce palais sort l'odeur du carnage;
C'est horrible!

PREMIER CORYPHÉE

Reviens près de nous.

CASSANDRE

Non. — Courage!
— Vous tous, soyez témoins qu'ici je n'ai pas fui
Comme l'oiseau qui sent le piège devant lui.
— Toi, soleil, dont mes yeux ne verront plus la gloire,
Punis nos assassins dans leur lâche victoire;
Fais que, quand il viendra, sinistre voyageur,
Ta lumière immortelle éclaire le vengeur!

(Elle entre dans le palais.)

SCÈNE VII

LE CHŒUR, seul.

Hélas! sur la terre où nous sommes,
Si le crime n'est jamais las,
Quel sera le salut des hommes?
Hélas!

Si l'on voit luire après le glaive
L'éclair rouge des coutelas,
Qu'une mort prompte nous enlève!
Hélas!

Ciel! Entends les plaintes immenses
De la terre, toi qui mêlas
Nos désespoirs à nos démences,
Hélas!

LA VOIX D'AGAMEMNON dans le palais.

Grands dieux! Qui m'a frappé?

PREMIER CORYPHÉE

Cette voix... c'est étrange...

LA VOIX D'AGAMEMNON

Dieux! qui me frappe encor?

DEUXIÈME CORYPHÉE

Ah ! juste ciel! Qu'entends-je?
Courons...

LA VOIX D'AGAMEMNON

Je meurs! je meurs!

PREMIER CORYPHÉE

Je reconnais la voix ..
Celle d'Agamemnon... hâtons-nous.

DEUXIÈME CORYPHÉE

Moi, je crois
Que le secours venant de nous serait stérile :
Appelons les soldats descendus dans la ville.

PREMIER CORYPHÉE

Entrons dans le palais plutôt le glaive en main,
Et jusqu'aux meurtriers frayons-nous un chemin.

DEUXIÈME CORYPHÉE

Qui nous dit cependant — tu te trompes peut-être —
Que la voix du mourant était la voix du maître?

PREMIER CORYPHÉE

Nous le saurons. Volons d'abord à son secours.

DEUXIÈME CORYPHÉE

Réfléchissons encore...

PREMIER CORYPHÉE

Assez de vains discours!

DEUXIÈME CORYPHÉE

Interrogeons les dieux, du moins.

PREMIER CORYPHÉE

Non! à cette heure
Le forfait s'accomplit dans la sombre demeure;
Hâtons-nous donc!

Voyant paraître l'ekkliineme (1).

Grands dieux! quel effroi m'a saisi!
Quel est l'homme qu'on vient de tuer?

(1) Ekkyclema, espèce d'échafaudage en bois, porté sur des roues, qui pouvait s'ouvrir et donner le spectacle d'une scène d'intérieur Voir Vitruve. A. de Caumont, etc.

SCÈNE VIII

LE CHŒUR, CLYTEMNESTRE

CLYTEMNESTRE

Le voici.

(Elle montre le corps d'Agamemnon et celui de Cassandre.)

LE CHŒUR

Agamemnon !... Cassandre !

CLYTEMNESTRE

Ouvrez large la porte,
Pour que l'on voie ! — Eloge ou blâme, peu m'importe.
Les voici tous les deux, la captive et le roi,
La chienne et le lion... tués tous deux par moi !
Je veux qu'on sache tout. Hors Egisthe, personne
Ne m'aida. — J'ai vengé ma fille ! L'œuvre est bonne.
Si de ce que j'ai fait les dieux sont mécontents,
C'est bien !... Le châtiment peut venir. Je l'attends.

Rentrez dans vos maisons, vieillards, et prenez garde.
Le nouveau maître est là, qui veille et qui regarde !
Souvenez-vous, chassant vos espoirs insensés,
Que l'ombre de ces murs est mortelle ! Passez.

Elle rentre dans le palais, dont les portes se referment.

SCÈNE IX

LE CHŒUR, *en s'éloignant.*

C'en est fait ! Le crime suivra
Le crime,
Éternellement s'ouvrira
L'abîme !

La vertu tremblante devra
Se taire,
Un voile de sang couvrira
La terre ;

Là-haut, effrayés des humains
Désastres,
S'arrêteront dans leurs chemins
Les astres ;

Et l'homme, sur ces odieux
Rivages,
N'entendra rire que les dieux
Sauvages.

Imp. de la Soc. de Typ. – Noizette, 8, r. Campagne 1re, Paris.

www.ingramcontent.com/pod-product-compliance
Ingram Content Group UK Ltd.
Pitfield, Milton Keynes, MK11 3LW, UK
UKHW021531260726
13993UKWH00004B/1935

9 782329 491165